I coralli

141

www.einaudi.it

ISBN 88-06-15714-0

Rosetta Loy

Ahi, Paloma

Einaudi

Ahi, Paloma

Sono ancora là sul prato a chiacchierare, le mani che dondolano le racchette da tennis, solo la Milly la tiene stretta al petto con tutt'e due le braccia quasi avesse paura di perderla. Discutono della partita che hanno appena giocato e le scarpe di tela affondano nel morbido dell'erba, qualcuno ha i calzini ma per lo piú i piedi sono nudi nelle scarpe Superga. O in quello che resta di quelle scarpe. Il Giorgio e la Marcella portano il completo bianco, gli altri sono vestiti cosí come capita. La camicia a maniche corte dell'Augusto è celeste e la sua racchetta è una Slazenger, mentre parla lui ributta indietro i ricci dalla fronte per dare piú forza alle parole. La Paola ha le ossa grosse e un grande seno molle che ondeggia di qua e di là quando corre appresso alla palla, la sua carne pare impastata col burro tanto è chiara e liscia, appena piú colorita alle guance. La "Paloma" la chiama a volte l'Ettore per via della canzone che dice «*Ahi, una Paloma blanca co-*

me la nieve, come la nieve, ahi, m'ha rovinato l'alma, come me duele, come me duele...» e accanto a lei appare ancora piú smunto, insaccato nel maglione a strisce rosse e blu; cosí almeno mi sembra. Ma la memoria gioca strani tiri, sovrappone spesso un'immagine a un'altra, il dopo al prima. Alto, un poco allampanato, un livido gli segna la guancia destra come se avesse sbattuto contro uno spigolo. Magari è scivolato. O forse è stato soltanto colpito da una palla maldestra. Porta ancora il fazzoletto a scacchi arrotolato sulla fronte per raccogliere il sudore, uno di quei fazzoletti che vendono nei mercati di paese; anche se non dovrebbe neanche giocare, visto che è in montagna per curarsi gli strascichi di una pleurite e il sudore è il suo peggior nemico. Ma come si fa a giocare pensando ogni momento al proprio respiro? Il cancelletto ritagliato nella rete è rimasto aperto alle sue spalle e il vento della sera lo sbatte con rumore di ferraglia.

Il sole se ne sta andando, pronto a sparire dietro la montagna. Come si chiamava quella montagna che ogni sera lo inghiottiva quasi di colpo, non lo ricordo piú. Vedo l'ombra che cala simile a una lingua portarsi via dal prato le signore con i lavori a maglia mentre i bambini dalle voci acute e stridenti si avventano come capre giú per il sentiero. Riposti nelle borse i ferri da calza e i gomitoli di lana colorata, prima di seguirli, le loro madri chiamano il Nacarun perché metta al riparo le sedie di tela nel casotto. In alto sopravvivono isole di tramonto verde-oro sui prati meravigliosamente deserti, abbandonati anche dalle mucche tornate nel buio delle stalle.

Mia sorella Etta è innamorata, ha un viso lungo e sottile e gli occhi un poco sporgenti a furia di tossire. Offre in giro il suo pettine che il Pietro detto il Pirro si passa nello scompiglio dei tanti capelli (dopo, una volta in camera, mia sorella avvolgerà con cura nel fazzoletto i pochi capelli rimasti impigliati). La Milly è piccola e tonda, porta i calzoncini verdi e una camicetta gialla e mentre chiacchiera si batte la racchetta sulle scarpe da tennis come un cavaliere il frustino sugli speroni. È sfollata da Milano e prima ancora dall'Africa dove suo padre comandava gli ascari. Ha viaggiato sulla groppa dei cammelli avvolta nel *burnus* bianco dei nomadi del deserto e ha bevuto dai loro otri di pelle, mangiato i datteri giganti. È l'unica a cui viene permesso di suonare la pianola del Grand Hotel Brusson; ma nessuno vuole mai starle vicino perché il suo sudore ha un puzzo particolare. Di urina marcia, dice mia sorella Etta.

Fra poco il sole sparirà, sarà buio, ma loro

continuano a chiacchierare e a discutere come se avessero l'intera giornata davanti. A dominare su tutte è la voce del Pirro e le sue parole scattano veloci, spesso sfottenti, i tanti capelli sollevati dal vento come una criniera intorno al viso abbronzato. A volte la sua risata arriva con una durezza feroce; ma gli occhi, di un castano che sconfina nell'ambra, possono avere dolcezze improvvise, tenerezze struggenti. Cosí pensa mia sorella Etta.

Il Nacarun, che da bambino è rimasto due giorni sotto la frana che ha sepolto il suo paese, passa il rullo di cemento a cancellare le strisciate sulla terra rossa e alle sue spalle il campo torna di un bel rosso compatto. Dorme, il Nacarun, nel casotto di legno dove fino all'anno prima si vendevano le aranciate e una crema dal vago sapore di cioccolato chiamata *Princeps*. Là, in un angolo, dietro alle sedie delle signore ripiegate una sull'altra, c'è il suo materasso arrotolato come un salsicciotto attorno alle coperte. «*Caossinera, striplà, a val nen tní el cul streit*» sibila fra i pochi denti rimasti in bocca mentre il rumore del rullo copre per un attimo le voci dei ragazzi al di là della rete. Forse il suo ritornello è per loro perché con le racchette penzoloni in mano non si decidono a tornare a casa, o invece no, è solo rivolto al destino che dal suo paese ai piedi del monte Tignaga lo ha fatto finire in quel casotto senza neanche uno straccio di donna.

«*Caossinera, striplà, a val nen tní el cul streit*». Il Nacarun ha girato a doppia mandata la chiave del cancelletto del tennis e quasi ci urta, questa volta il suo "couplet" è per noi. Per me, la Marilú e la Carla, che di sicuro non gli mettiamo paura come potrebbero i ragazzi a discutere fra loro. Non l'Ettore, lui non fa piú paura a nessuno. Dobbiamo sgomberare, il Nacarun non vuole gente intorno al tennis quando viene buio. Là sul prato il gruppetto si è sciolto e i ragazzi, sfilate le scarpe di tela, hanno rimesso i sandali di sempre. Si rincontreranno dopo cena, se cena si può chiamare quella che passa il Grand Hotel Brusson. A volte restano in albergo, altre vanno a casa della Paola dove nel seminterrato c'è un grande stanzone dalle pareti di pietra: là sono liberi di suonare e cantare quanto vogliono, ascoltare i dischi sul grammofono a manovella.

La Marilú ha raggiunto la Paola, sua sorella maggiore, per tornare insieme a casa. Un antico maso trasformato in villetta, appena oltre la curva, dove i gerani sono rossi e grassi sul ballatoio di vecchio legno annerito. Con loro vive anche il Pirro; ma invece di seguirle lui va con gli altri lungo il sentiero di sassi e merde di vacca che scende in paese. Prima di svoltare, con la sorella per mano, la Paola si gira «Dài Pirro, – gli grida – vedi di non fare tardi...» Petulante, lagnosa, falsamente saggia.

L'umido sale dall'erba, non c'è piú un cane, una mucca, un ragazzo. Solo il Nacarun seduto su una pietra fuori dal casotto ha l'occhio rotondo e immobile fisso ai piedi nelle scarpe di pezza. Un uccello, un gufo. Una faina che aspetta la notte. A me e alla Carla rimaste sole quell'occhio del Nacarun mette il gelo alla pelle, in fretta tagliamo attraverso le scorciatoie, saltando fra un fosso e l'altro. E prima che l'Ettore sia arrivato alla sua casa con una sola finestra, abbiamo già sorpassato tutto il gruppo che scende verso il paese. Ma loro neanche si accorgono di noi e sentiamo le voci perdersi alle nostre spalle. La Milly ridere. Lei ride sempre, per qualsiasi cosa.

Si può essere infelici a dodici anni, profondamente, totalmente infelici, al punto da fare di quell'infelicità un concentrato di tutti i battiti del cuore fino allora conosciuti? E nello stesso tempo essere ricettivi a ogni particella di quanto si sta vivendo? Come se quel mese di agosto avesse segnato lo spartiacque fra il calmo fluire dell'infanzia e l'accavallarsi disordinato e prorompente di nuovi sentimenti, incanalati giú per una gola come quella da cui precipita l'Evançon.

Avevo due vestiti quell'estate, uno che apparteneva ancora alla bambina che avevo appena finito di essere, di cotone bianco a fiorellini con due funghetti di legno attaccati al colletto di piqué. Corto e stretto mi schiacciava il seno nascente, piccolo e duro sotto la stoffa. L'altro, appena scollato a punta in omaggio a un'imprecisata moda per adolescenti, era di una stoffa sintetica tra il blu e il viola su cui era disegnato un fitto intreccio di vermetti rosso elettrico. Non avevo altra scelta. In un anno ero cresciuta quasi dieci centimetri e l'andamento disastroso della guerra aveva reso introvabile qualsiasi tessuto appena decente. Avevo invece una fame perenne e nel Grand Hotel Brusson dov'eravamo approdati dopo un interminabile viaggio da Roma, il cibo era scarso e di natura tale da ispirare una diffidenza che rasentava la ripugnanza. Ogni tanto mi incantavo a guardare il bambino del padrone dell'albergo che affondava i denti in una pagnotta lardellata di pancetta. Sua madre era danese; questo avrebbe dovuto essere sufficiente a spiegare il colore appena rosato del grasso che gli sfuggiva ai lati delle labbra. E la Danimarca, piccola e insignificante sulla mappa dell'Europa, assumeva nelle fameliche mattine del Grand

Hotel Brusson la consistenza marmorea delle cosce di quel fortunato bambino, compatte fuori dai pantaloncini corti.

Mio padre per un etto di burro si era assoggettato a sorvegliare le vacche mentre il bovaro saliva alla malga. Alto, magro, era rimasto con il bastone in mano attento a che le mucche non si allontanassero mentre il sole calava tra i picchi di roccia illuminati dagli ultimi raggi; finché insieme alla luna non era ricomparso il bovaro con il burro avvolto in un foglio di giornale.

Fuori dalla veranda del Grand Hotel Brusson erano sistemati alcuni tavoli di legno affiancati da lunghe panche ruvide e grigie: là, sotto l'ombra dei castagni, ero costretta all'inutile strazio dei compiti delle vacanze. Svogliati quaderni pieni di orecchie dove allineavo lunghe operazioni matematiche dai risultati improbabili. Noiosissimi raccontini che dovevo trasporre in altrettanto noiosissimi e sbrindellati riassunti che costellavo di macchie d'inchiostro mentre l'ombra delle foglie andava e veniva sulle pagine. E con le spalle insaccate mi perdevo a guardare oltre la staccionata i prati che degradavano verdi e luminosi verso l'Evançon.

Ma non era lí l'infelicità. E neanche nella

fame. O nelle mosche che avevo visto galleggiare in una tazza d'olio nella cucina dell'albergo. Non era neanche nell'apparecchio per raddrizzarmi i denti, un palato color ceralacca a cui era fissato il filo metallico che doveva spingere indietro gli incisivi. Strumento di tecnica avanguardista, mobile (si toglieva per mangiare), penalizzava ulteriormente un sorriso che nel giro di una stagione aveva perso l'ultimo bagliore di grazia dell'infanzia.

Avevo appena cominciato ad avere le mestruazioni, *le mie cose*, dicevo introdotta a un gergo che rendeva l'avvenimento viscido e ripugnante. In mancanza di assorbenti mi arrangiavo con la carta igienica, quando era possibile reperirla. Non so la ragione per cui ero esclusa dall'uso dei preziosissimi pannolini di ovatta e garza; forse a cospetto delle *cose* della mamma e di mia sorella maggiore, le mie, cosí agli albori, apparivano del tutto insignificanti. Ma non era nemmeno lí l'infelicità, o nel mal di pancia che mi bloccava per un intero pomeriggio, mascherato da altri disturbi per non farne trapelare la vera ragione.

L'infelicità si chiamava Augusto. Tutto è cominciato la volta che scendeva lungo la strada del tennis con la camicia celeste e i pantaloncini di tela blu. Camminava veloce, le gambe lunghe e robuste incuranti delle asperità del sentiero, e i sassolini schizzavano da sotto le suole. I calzini tra il grigio e il beige gli si raggrinzivano molli al calcagno, mangiati a ogni passo dai grandi sandali polverosi. I ricci neri, disordinati, si sollevavano nella discesa e gli occhi tagliati sottili tra le ciglia, di un azzurro verde intenso, brillavano come due piccole lamine. Mi sembrava di sentire il suo odore di erba e di tela sporca. Veniva giú dal tennis e una palla gelosamente conservata gli gonfiava ancora una tasca mentre dalla mano destra penzolava la sua Slazenger, chiusa nella fodera scozzese. La manica sinistra invece dondolava vuota, simile alla bandierina di un paese inghiottito da un'antica catastrofe: l'unico riferimento al braccio perduto consisteva in qualcosa di stranamente mobile, duro, che agitava a tratti quel pezzetto di stoffa. Lui che un tempo suonava il violino e voleva diventare come il grande Milstein, si ferma e mi guarda. Non mi chiama per nome, dice semplicemente «Ehi, tu». Vuole sapere se ho visto sua sorella Laura. «Sí, sí, è giú al "pianetto"» rispondo. Non capisce dov'è questo cavolo di posto; allora lo precedo verso il greto secco di un torrente dove la Laura è rimasta con la Marilú e la Carla. Mentre andiamo mi chiede se anch'io sono stata rimandata come quell'asina di sua sorella. «No» rispondo in fretta girandomi verso di lui: mi sembra bellissimo, duro e spavaldo. Lo sguardo cade su quella manica che palpita come se avesse una vita propria, e divento rossa.

Cosí è stato che mi sono innamorata per la prima volta, perduti la mente e il cuore per un ragazzo di Torino senza un braccio. E l'infelicità è piombata su di me come un avvoltoio.

Quasi ogni giorno, se il tempo lo permette, con le mie amiche scendo al "pianetto". Cosí noi chiamiamo il vecchio letto del torrente, deviato al tempo in cui era in funzione la miniera. Una distesa di sassi bianchi levigati inframmezzata da piccole isole di sabbia dove ci sentiamo tranquille, lontane da ogni sguardo inquisitore, libere di chiacchierare e fare i nostri giochi. Come quello di fingere di partorire usando un vecchio bambolotto di celluloide, smaniando e dimenandoci nei supposti contorcimenti dell'evento. Altre volte invece sediamo in cerchio a fare il "gioco della verità". In questo caso è proibito mentire, pena il disprezzo e la cacciata dal gruppo. Spesso il gioco si smalizia e le domande diventano crudeli, frugano nell'intimità piú segreta. Senza guardarci fra noi, le voci sdolcinate e ridacchianti nervose.

Ha la Laura gli stessi occhi verde-azzurri e

gli stessi ricci neri del fratello. Tanto mi basta. Per me è la padrona assoluta del "pianetto": qualunque cosa dica, o faccia, è perfetta. La mia piaggeria è rivoltante. La Carla e la Marilú si arrabbiano, io raccolgo da terra il mio martoriato bambolotto, che me ne importa di loro e dei loro stupidi giochi! Seguo la Laura a grandi passi continuando a darle ragione; finché lei non arriva alla chiesa dove il Prevosto l'aspetta per le ripetizioni di latino. «E dopo che fai?» le chiedo. Dopo deve studiare matematica, dice, è inutile che io l'aspetti. Vedo il fastidio delinearsi fra naso e fronte, nelle fessure degli occhi improvvisamente opachi: stufa di me, della mia assillante presenza. Cosí me ne vado da sola a meditare la mia sconfitta lungo i prati che degradano verso l'Evançon, stretta a tenaglia fra l'orgoglio ferito e la sofferenza del cuore. E nell'attesa di una malinconia che dovrebbe sublimare la mia pena rimango a contemplare il torrente che si butta fra i massi, si impunta e si spacca in salti d'acqua, l'ombra umida della sera che sale sempre piú in alto. Fino a lambire l'ultimo riflesso di cielo.

Altro accade intorno a me, lo percepisco con i sensi resi acuti dalla mia nuova situazione. Al tennis li osservo seduta sulla panca ai margini del campo dondolando con la lingua il palato mobile del mio apparecchio; e intanto cerco di indovinare quali legami si intreccino fra loro. Cosa si dicono il Giorgio detto il Ragno e la bionda Milly, il Pietro detto il Pirro, l'Ettore e la sua bianca *Paloma*, mia sorella Etta. Il Giorgio ha la testa piccola, le gambe lunghe e agili, le braccia che ruotano come legacci appresso alla palla rossastra di terra: è per quello che lo chiamano il Ragno? O è invece per la maniera insinuante con cui appoggia il golf sulle spalle della Marcella una volta finito di giocare, come se volesse succhiarne la carne tiepida di sudore? Marcella la bella, Marcella la bruna, Marcella la luminosa dea del tennis.

Grande amatore, dicono del Giorgio. Signore sfollate da Torino e da Milano sorvegliano i loro bambini che giocano sul prato a ridosso della rete. Siedono su sedie di tela apribili e al di sopra del lavoro a maglia guardano il Giorgio mentre lancia in alto la palla, i muscoli che si tendono nello sforzo. Una sorride con le labbra a punta. «Quella – dice la Marilú – è senza mutande». «Come lo sai?» «Lo so, lo sanno tutti...» Ride. Io non capisco, io sono tonta, e guardo le gambe accavallate della signora e non vedo niente, non se ha, o no, le mutande. A tratti il vento le solleva la gonna sulle ginocchia che luccicano al sole, e il sole va e viene sul viso dove le efelidi leggere si affollano alla radice del naso: la signora sorride stringendo gli occhi tra le ciglia pallide, la lingua passa a inumidire le labbra.

Lo schiocco della palla in terra è un suono rotondo, pieno, la Marcella corre in fondo al campo cercando di afferrarla nel rimbalzo e il gonnellino bianco svolazza nel giubilo dei suoi ammiratori. Ogni volta che il suo rovescio ha esiti inattesi e funambolici, lei lancia un gridolino di sorpresa. Le sue braccia sono forti e i polsi sottili, le gambe scattano lisce, di un bruno dorato. Ha sedici anni, e quando la palla le sfugge oltre la rete tutti fanno a gara per andarla a recuperare lungo il pendio che si perde fra i noccioli. Il Giorgio detto il Ragno, il Pirro, l'Ettore. L'Augusto. Sí, anche l'Augusto.

Lei è crudele, lo prende in giro e dice: «Dài, non ho capito, fammi vedere un'altra volta com'è questa circolazione del sangue... – siede sulla panca allungando il braccio nudo, ancora accaldata dalla partita, – Allora, – insiste – dov'è che passa la vena safena?...» Ha la maglietta bianca slacciata, il suo naso è dritto e fremente e un'impercettibile gobba nel mezzo lo rende il piú bel naso del mondo. L'Augusto si china lasciando spiovere i ricci sugli occhi, di sicuro sente il tepore del viso accaldato di lei e l'indice sfiora maldestro l'incavo del suo braccio. «La succlavia, – le spiega verboso – la carotide destra, la cefalica, la vena radiale...» e diventa rosso per il gran privilegio che crede gli venga accordato. Parla e parla, lui che voleva diventare come il grande Milstein, e per l'emozione la saliva gli si rapprende ai lati delle labbra. Gli altri lí intorno lo incitano a continuare, eccitati dalla strafottenza di lei. Nel campo ormai coperto d'ombra il Nacarun canta le sue strofe senza senso mentre il rullo di cemento va su e giú sulla terra rossa. Io fingo di osservare il suo lavoro e intanto sento le loro voci, l'ottuso insistere di Augusto; e il dolore è un pugnale che trapassa il petto.

Quel pomeriggio tornando dal tennis ho visto una vipera. Era già tardi e stava attorcigliata tra le foglie di un nocciolo. Ci siamo fissate un attimo: i suoi occhi impassibili si sono conficcati nei miei; poi, con uno scatto improvviso, ha cominciato a scivolare giú lungo il tronco quasi fosse unta. Non mostra alcuna paura di me, io ne ho una folle di lei. Adesso corro come se fossi inseguita, tutti i racconti sulle vipere che in discesa spiccano salti altissimi per raggiungere la preda mi fanno raddoppiare la velocità, fino ad avere male alla milza. Gli zoccoli inciampano nelle pietre, dei grossi *sabot* simili a quelli dei bovari che la mamma mi ha comprato quando ho sfasciato l'ultimo paio di sandali (*Possibile un altro paio?* – ha detto. – *Perché a tua sorella non succede mai?*)

Ma lei è piú grande, non corre come me, non inciampa di continuo. Non passa l'Evançon saltando da un masso all'altro. Non sono peggio di lei, io...

Mia sorella Etta tossisce la notte. La sento agitarsi nel letto e poi a volte precipitarsi al lavandino per vomitare. Dopo fa scorrere l'acqua ma quasi sempre il vomito intasa lo scolo e l'odore rimane tutta la notte, penetra fra le lenzuola acre e nauseabondo. Anche a tavola spesso le viene da tossire, allora deve alzarsi di corsa per andare a vomitare nel gabinetto. Gli altri ospiti nella sala da pranzo ci guardano con disapprovazione: una ragazza malata la si tiene a casa, non la si porta in albergo a contagiare gli altri. Di continuo chiedono a mia madre: «Ma cos'ha, povera figlia? Certo che dev'essere un tormento...» Ma quando non tossisce mia sorella sta bene e mangia allegra tutto quello che ha nel piatto.

Una sera mentre insieme ai suoi amici ascoltava la Milly suonare la pianola, la tosse è stata talmente improvvisa che non ha fatto in tempo ad arrivare al gabinetto. Ha vomitato, girata di spalle, dietro a una poltrona. Tardi nella notte si è alzata da letto e in pigiama è scesa nella grande sala deserta per pulire dietro la poltrona con dei giornali.

Poi c'è la storia della signora Brazzoduro che torna fuori di continuo. È successo qualche giorno dopo il nostro arrivo, quando la radio aveva trasmesso la notizia che *finalmente ci eravamo liberati di quel tanghero di Mussolini*. Cosí si era espresso mio padre all'annuncio delle dimissioni del Duce.

Dopo cena c'era stata in albergo una grande euforia e in piedi nella veranda avevamo brindato insieme agli altri ospiti nel frescolino frizzante della sera di luglio. Sulla piazza avevano acceso un grande falò dov'era finito di tutto: dal busto di gesso del Duce ai libri polverosi conservati negli scaffali del Comune che volteggiavano e roteavano prima di accartocciarsi nel fuoco. In ultimo, con grande fracasso di vetri, era precipitata giú da una finestra della scuola la gigantografia di Bruno Mussolini vestito da aviatore. Il falò era poi nella notte diventato un incendio e gli ospiti dell'albergo, gli stessi che avevano brindato nella veranda, erano scesi in piazza per aiutare a spegnerlo con i secchi.

La mattina dopo mia sorella aveva dato il suo contributo spennellando a lettere cubitali ʍ MUSSOLINI sul muro di cinta del Grand Hotel Brusson. Subito era arrivata la signora Brazzoduro, i capelli rossicci tenuti insieme da una permanente di ferro, il corpicino nervoso e la pelle lucida che si tendeva rabbiosa sulle ossa «Vergogna, – strillava – vergogna, tutti adesso a dargli addosso, a dimenticare le grandi, grandissime cose che ha fatto...» Lo sapeva mia sorella, che il Duce ci aveva salvato dai comunisti? Che aveva bonificato le paludi pontine e creato le colonie al mare per i bambini predisposti alla tubercolosi, bambini meno fortunati di noi, che altrimenti sarebbero morti? E prima che mia sorella potesse rispondere a una qualsiasi delle sue domande, le aveva strappato di mano il pennello trasformando con le sue manine da topo quell'abbasso in una serie di evviva. Era stato a quel punto che mia sorella le aveva detto «Stupida!»

Stupida a lei? Ma chi l'aveva insegnata l'educazione a questa ragazza? Nel Grand Hotel Brusson la voce della signora Brazzoduro aveva scosso le coscienze: non era una voltagabbana lei, non aveva brindato come gli altri la sera prima, e davanti allo scempio di quel fuoco proprio sotto alla sua finestra aveva sbattuto le imposte. Agli ospiti seduti sotto gli alberi a commentare i grandi avvenimenti del giorno adesso chiedeva giustizia dell'ingiuria; e a mio padre adeguata soddisfazione. «Una villana sua figlia, – aveva detto – una vera villana». Mio padre si era sentito costretto a riconoscere il torto: non si insulta a questo modo una dignitosa signora che difende le proprie idee, ancorché sbagliate. Cosí anche se Mussolini era un tanghero e lui aveva brindato, adesso mia sorella doveva chiederle scusa. Ma mia sorella mai e poi mai avrebbe dato soddisfazione a quella strega, si sarebbe umiliata davanti a lei. Non c'era stato niente da fare. «La signora Brazzoduro ha ragione, – aveva allora sentenziato mio padre – siete delle villane, tutt'e due». Mia sorella per prima, e io che la difendevo. Meglio noi villane, che lei fascista.

Ma la storia della signora Brazzoduro non si è fermata lí. È continuata negli anni a venire, quando ormai i topi si erano impadroniti del Grand Hotel Brusson e il vento ne aveva divelto le imposte e rotto i vetri, il prato era stato invaso dai rovi e delle panche di legno non erano rimaste che alcune assi fradicie. Ogni volta che mio padre trovava da ridire sul nostro comportamento, lei riemergeva come un reperto sopravvissuto intatto a un naufragio. «La signora Brazzoduro, ricordatevi la Brazzoduro!» E la piccola fremente signora che con il pennello tracciava una serie di evviva, rinasceva dal fuoco e dalle macerie. Dalla morte e la fame, l'orrore: a testimoniare la nostra villania.

Un pomeriggio era comparso in paese uno spallone. Nella notte era venuto giú dal Vallese attraverso le strette gole del Lyskamm, gli scarponi chiodati e le stelle alte e fredde nel cielo. Dal suo sacco posato sul prato, dopo le sigarette e lo zucchero, aveva cavato fuori un grosso barattolo di metallo palleggiandolo a lungo quasi a considerarne, stupito, il peso. Poi, di colpo, col gesto di un giocoliere che sembra aver esaurito i suoi numeri e invece, hoplà, ecco a voi la meraviglia delle meraviglie! aveva sollevato il coperchio: la crema è densa, lucida, di un marrone profondo, tremola appena mossa con destrezza dalla sua mano. Il barattolo ruota lentamente sotto i nostri nasi: lui ci sogguarda con un occhio solo, l'altro, strabico, fissa un punto imprecisato del paesaggio. Un sublime effluvio insieme al ricordo improvviso di antiche uova di Pasqua, carte d'argento fruscianti, perse nella notte dei tempi, da cui sgusciano cioccolatini lisci e bruni come pelle di moro. In silenzio abbiamo inspirato socchiudendo gli occhi. Ma non è durato che un attimo: zac! il coperchio si è richiuso. Noi già corriamo dai nostri genitori a implorarne l'acquisto. Rinunciamo a tutto, lo giuriamo. Non piú merende, lenze per pescare o spille di osso a forma di stella alpina. Piú niente, non chiederemo piú niente. Solo quel barattolo, per sempre.

Lo spallone è scomparso di nuovo al di là dei monti con il sacco vuoto che gli ballava sulle spalle, gli scarponi chiodati su per i sentieri di sassi; noi nella sala da pranzo del Grand Hotel Brusson guardiamo desolate nel piatto due prugne cotte in un liquido imprecisato e dolciastro. Papà ci incita a non fare tante storie: ci siamo noi sottomesse alla signora Brazzoduro? No. E lui non si è sottomesso all'esoso ricatto di un furfante con un occhio strabico...

È rimasto ignoto, se è mai esistito (ma da qualche parte doveva pur esistere), il fortunato acquirente che la sera, nel segreto della sua stanza, ha immerso voluttuosamente il dito nel denso e profondo lago di cioccolato per portarlo con delizia alle labbra.

Nel buio dei nostri letti io e mia sorella abbiamo a lungo fantasticato, ma non siamo arrivate a una soluzione. Nessuno ci sembra abbastanza ricco. Non il Giorgio detto il Ragno e neanche la Marcella. Per non parlare del Pirro che gioca a tennis con delle scarpe di cui è rimasta solo la tomaia. L'Ettore non l'abbiamo neanche nominato, non si sa neanche cosa mangi in quella casa con una finestra sola.

*

L'Augusto e la Laura abitavano all'Albergo Aquila sulla piazza. Un ballatoio di legno girava intorno al secondo piano dove affacciava la loro camera.

Ma la Laura non mi invita mai a salire. Non so come sia quella stanza, posso solo immaginarla. Ogni volta che ho una buona scusa passo davanti all'ingresso da cui si intravede un'aquila impagliata ad ali spiegate. Se sono fortunata può capitare che l'Augusto sia affacciato al ballatoio con l'unico braccio appoggiato al davanzale, allora giro rapidamente la testa dall'altra parte perché insieme alla felicità di incrociarne lo sguardo arriva una fitta ineluttabile d'infelicità per essere, io, sgraziata. Per non avere, io, nulla della Marcella, non i suoi accattivanti dentini da coniglio, non i suoi sandali di tela, tante striscioline vermiglie che si incrociano sulle dita delicate dei piedi. O qualcuna delle attrattive di mia sorella maggiore: un bel sorriso, dei soffici capelli ondulati. Ho, io, degli zoccoli rumorosi e un vestito a vermicelli che fa male a guardarlo, dei capelli corti e lisci di un incerto castano. E con il cuore che mi batte, contro ogni mio desiderio, accelero il passo.

«È successo due anni fa» mi ha detto la Laura. Fra i giardini delle ville a picco sul mare e i castagni della collina, mentre l'Augusto pedalava in salita, le mani strette al manubrio della Legnano nuova a tre marce. L'Augusto che suonava il violino e voleva diventare un grande concertista, girare le capitali d'Europa con uno Stradivari nell'astuccio.

L'Alfa Romeo blu, partita la mattina da Chiavari, era diretta a Portofino: sui sedili posteriori, dietro il vetro divisorio, sonnecchiava la moglie del console spagnolo. Era la seconda estate di guerra; nel portapacchi della bicicletta, insieme all'asciugamano e al costume da bagno, l'Augusto teneva la borraccia dell'acqua: da Santa Margherita andava a trovare un amico a Rapallo.

Il ronzio dell'automobile che affrontava una curva dopo l'altra non lo disturbava; a tratti, attraverso il varco fra le siepi, vedeva il luccicare del mare simile a una carta d'argento punteggiata dal bianco dei pattini. Al momento di affrontare l'ultima curva l'automobile è alle sue spalle ma l'Augusto neanche si gira, ritto sui pedali ha in testa solo Bartali e il colle del Tenda. L'autista con lo spolverino beige ha appena ingranato la terza: il cane è sbucato in quel momento. Un cagnetto qualsiasi. L'autista ha premuto di colpo il freno, l'automobile sbanda un poco sulla destra: oltre il vetro divisorio la moglie del console ha un sussulto, le tendine color tortora abbassate ai lati del finestrino non le permettono di vedere nulla. Fino lí è schizzato il sangue.

L'Augusto non ha neanche avuto il tempo di accorgersene, del cane, sparito in un attimo nel folto dei castagni. Un dolore da fine del mondo mentre la bicicletta gli slitta via da sotto le gambe e la borraccia rotola e rimbalza lungo la discesa: il braccio agganciato dalla maniglia dello sportello, trapassato al gomito da parte a parte, lo trascina in terra sull'asfalto. Grida l'autista con lo spolverino già tutto macchiato di rosso, grida la signora con le gambe fuori dallo sportello aperto, inchiodata al sedile dallo spavento: «Muore, muore!»

A morire invece è stata la musica, quella che nasce dalle dita. Il mondo si è richiuso come un guscio perdendo i suoi azzurri alisei. Può sempre l'Augusto diventare un grande clinico, per quello non servono due braccia e due mani. L'anatomia lo appassiona e sta ore sui manuali di medicina che gli regala lo zio, pneumologo e tisiologo di fama.

Con studio in via Pietro Micca, dice con orgoglio la Laura.

La Marilú conosce molti particolari su come nascono i bambini e ancora di piú su come si può restare incinte, ma il suo vocabolario è sempre allusivo e mai esplicito, espliciti sono a volte i suoi gesti che mentre soddisfano la nostra curiosità ci fanno tirare fuori la lingua per un senso di schifo.

Ma sa anche altre storie che ci lasciano a bocca aperta, come quella della bambina morta nel rifugio durante un bombardamento. Senza fare un fiato. Racconta che stava stesa su una delle panche lungo le pareti e la madre le teneva la testa in grembo mentre intorno tutto tremava, i muri e il soffitto, la lampadina appesa a un filo; e il rumore era spaventoso. A un tratto era saltata anche la luce. La madre per tenerla tranquilla le carezzava i capelli; pensava che si fosse ammutolita per tutto quel fracasso, poteva succedere. Solo alla fine, quando era suonato il cessato allarme e aveva cercato di tirarla su, l'aveva sentita ripiegata come uno straccetto mentre dalla bocca le aveva visto colare un rivolo di sangue: un mattone che si era staccato dal soffitto l'aveva centrata in pieno sul petto, spaccandole il cuore.

Nelle notti di luna, altissime in cielo, passano le fortezze volanti che vanno a bombardare Torino o Milano. Minuscole e ordinate emettono un ronzio leggero come puntine d'argento sulla lavagna stellata. Oltrepassano i picchi aguzzi delle rocce e le montagne inaccessibili nelle loro cime senza alterare di un millimetro la loro formazione quasi dovessero corrispondere a un arcano disegno. E mentre spariscono nella quiete meravigliosa della notte comunicano uno strano senso di pace simili ad angeli lucenti in volo verso l'infinito. Io penso alla bambina morta con la bocca piena di sangue e la sua storia mi sembra appartenere a un mondo diverso da quello in cui mi trovo a vivere. Anche la paura provata durante il primo bombardamento di Roma, quando alla sera avevo visto il cielo drammaticamente rosso per gli incendi, non mi appartiene piú. La calma di quel ronzio che si perde nell'assoluto della luna accompagna il mio sonno nel letto accanto a quello di mia sorella come un tempo l'omino dei sogni che immaginavo arrivasse a spargere la polverina magica sulle palpebre dei bambini addormentati.

Ma la mattina dopo al tennis le signore di Milano litigano con quelle di Torino per via di quegli aerei che hanno sventrato le loro case lontane, i negozi, i quartieri. Litigano non si sa bene perché, come se dovessero misurare chi è piú disgraziato, chi ha perso di piú in questa guerra sciagurata, e noi che veniamo da Roma siamo guardate con odio perché le nostre case sono ancora in piedi, la vita continua nelle strade, l'ombrellaro e lo scoparo lanciano ancora al mattino i loro richiami fra le case con le persiane accostate. Noi protestiamo debolmente, non è vero, diciamo, anche noi siamo stati bombardati, il 19 luglio e l'11 agosto, hanno anche colpito la basilica di San Lorenzo... Loro ridono cattive, neanche lo sappiamo, noi, cosa vuòl dire avere gli aerei sulla testa una notte su due, essere costretti a dormire vestiti nelle case senza piú i vetri, pronti a saltare giú al primo urlo della sirena. E la mattina dopo trovare le strade stravolte e ingombre di macerie, la gente che scava alla ricerca dei morti mentre gli incendi fumano ancora e tolgono il fiato, i cadaveri appestano l'aria. Che ci facciamo noi qua, a godere delle loro disgrazie...

L'unica a non interessarsi a quegli aerei è la signora con tante piccole efelidi bionde ai lati del naso. Suo marito non è fra quelli costretti a fare ogni giorno su e giú in bicicletta fra le città bombardate e i paesi nella campagna intorno dove vanno a dormire. Per suo marito la guerra è finita in un campo di prigionia in Kenya. Non c'è pomeriggio che lei non salga al tennis e apra la sua sedia di tela a ridosso della rete fuori del campo. Sempre piú spesso posa in grembo il lavoro a maglia per seguire la partita giocata dal Giorgio, il vento che le solleva la gonna sulle fresche gambe accavallate.

E una notte, nella stanza numero 48 del Grand Hotel Brusson, al posto del marito addormentato in qualche baracca sperduta dell'Africa orientale, la madre del Giorgio scopre il figlio, nudo come il Davide di Michelangelo. Sudato e bianco dallo spavento. Ha bussato tanto forte da svegliare tutto il piano, e la bambina che dormiva nella stanza accanto è scoppiata a piangere. Dopo, mentre il Giorgio spariva con i vestiti stretti al petto, alla madre è stato necessario dare del cognac su una zolletta di zucchero.

La mattina seguente tutti sapevano del Giorgio in fuga seminudo lungo il corridoio del secondo piano. Del Giorgio avanguardista scelto, esempio vivente di quella "maschia gioventú" voluta dal Duce, che scappava seminudo lungo il corridoio, mentre la signora rimasta sola si barricava in camera per via dei colpi che venivano furiosamente battuti contro la sua porta.

Io quando sono scesa per la colazione non ho avvertito il mutamento di clima, se non quello meteorologico. Niente la mattina è in grado di distogliermi dal controllo dello spessore delle due fettine di pane accanto alla tazza in cui la cameriera versa un caffellatte di un imprecisato colore grigiastro. Nemmeno la Milly, seduta alla pianola nella sala accanto, sembra consapevole della turbolenza notturna, e le gambette tonde si allungano e si ritirano con sapiente intermittenza sui pedali, il rotolo della musica che si snoda lentamente sulle note di *Tango Algerino*: i cammelli, il *burnus* bianco, le dune di sabbia sotto la luna. I datteri giganti (*giganti, quanto?*)

Fuori piove, la stagione ha "rotto" e le cameriere sparecchiano in fretta i posti vuoti. Invece dello scandalo è la débâcle, la sconfitta definitiva. La signora, la piú carina del Grand Hotel Brusson, dalla risata squillante e la battuta pronta, madre amorevole e lietamente svagata, è chiusa in camera sua. Dicono che abbia già chiesto il conto. La pioggia picchia sulle foglie dei castagni, fradicia i tavoli di legno e gocciola lungo i vetri della veranda. Il figlio del padrone dell'albergo è anche lui seduto in silenzio davanti alla sua colazione: è biondo, slavato, grassoccio; ma questa mattina non affonda i denti in panini lardellati o altro che io gli possa invidiare, assonnato succhia malinconicamente dalla tazza con una cannuccia. Mia sorella ha tossito per buona parte della notte e adesso viene guardata male dalla famigliola che ha le stanze sul nostro stesso piano. Quanto è accaduto alla numero 48 dà il colpo finale a una situazione già sull'orlo del collasso. Annulla per sempre ogni speranza di normalità. Non ci sono piú regole, piú pudore, piú tolleranza o pietà.

Il mio occhio inquieto individua le dita fragili della Marcella che si insinuano in quelle del Pirro. L'Augusto è dietro di loro; anche lui certamente le vede, e si irrigidisce. Di dolore, di rabbia, per non avere, lui, come il Pirro, tutt'e due le braccia per poter stringere a sé la Marcella.

Ha il Pirro un viso scavato, una grande bocca dai denti un poco sgangherati perché nessuno ha mai trovato il tempo e il denaro per portarlo da un dentista dalle tecniche avanguardiste. Suo padre, una volta rimasto vedovo, si è risposato, e il Pirro passa dalla casa di uno zio all'altro. Ma la madre morta nel metterlo al mondo gli ha lasciato in dono una vitalità caparbia e prorompente. La necessità di farsi amare, comunque e dovunque. Cosí la bruna dea del tennis è sua anche se è il piú povero. Piú povero ancora dell'Ettore che non si sa dove passerà l'inverno quando da Brusson tutti i villeggianti saranno andati via.

Sono stata io a scoprirli il pomeriggio che il temporale rendeva livide le rocce e insieme alle mie amiche ero corsa via dal "pianetto" con il golf sulla testa. Ero rimasta l'ultima perché mi si era spaccato uno zoccolo e a niente era servito gridare che mi aspettassero. La Carla si era girata un istante: «Dài, muoviti» aveva urlato prima di rimettersi a correre mentre i tuoni mi inseguivano come le trombe del giudizio e la pioggia diventava un muro davanti agli occhi. Ero entrata allora nel primo maso che mi ero trovata di fronte: quei due si tenevano talmente stretti da sembrare un solo corpo con due teste. Subito la Marcella era rotolata via sulla paglia, io vedevo male perché era buio. «Che ci fai qui?» aveva chiesto aggressiva. Aveva i pantaloncini bagnati incollati alle cosce, sembrava un ragazzo. «Piove» mi ero giustificata in un soffio. Ma adesso ridono, ridono tutti e due: io grondo acqua da tutte le parti, dai capelli, dal vestito, dallo zoccolo in mano. «Dài qua, che te lo aggiusto» ha detto il Pirro. Gli ho allungato lo zoccolo ma non oso sedermi sulla paglia accanto a loro e resto in piedi mentre il temporale continua a sbattere la porta alle mie spalle.

È stato cosí che ho avuto uno zoccolo legato con il fil di ferro, uno zoccolo glorioso aggiustato dal Pirro mentre stava sdraiato sulla paglia e i tuoni si allontanavano insieme al tempestare della pioggia sulle tegole, lui tirava e piegava il fil di ferro con le sue grandi mani callose, calde del corpo della Marcella. L'ho conservato per anni quello zoccolo, quando il tennis era stato sommerso dalle erbacce e l'Evançon si era ridotto a un magro scorrere sui sassi, tutta la sua forza luminosa perduta chissà dove, forse prigioniera di qualche turbina elettrica. Quando il Pietro era diventato uno storico di fama e nessuno avrebbe piú osato chiamarlo Pirro, la gente per strada lo riconosceva e voleva stringergli la mano per essere rimasto fedele a scelte costate sangue. Scelte di libertà e giustizia, giurate sui compagni morti.

Una volta aggiustato lo zoccolo il Pirro me l'ha riempito di paglia asciutta, io non so come ringraziarlo. «Mi basta che giuri di non dire a nessuno che ci hai visto qui. Di': lo giuro». «Lo giuro» ho risposto mettendo la mano sul petto, non lo racconterò né alla Carla né alla Marilú, e neanche a mia sorella Etta. «Se lo sa la mamma della Marcella, mi ammazza» ha detto ancora il Pirro. Ma sorridono tutti e due, piú con gli occhi che con le labbra, sono felici e non tremano di freddo come me perché sono stati tanto abbracciati e chissà quanto si sono baciati. Se non dovessi andarmene appena la pioggia rallenterà il suo martellare sulle tegole, sorriderei anch'io perché sono l'unica ad avere uno zoccolo aggiustato dal Pirro.

«Se la Marcella è innamorata di lui, allora l'Augusto non ha nessuna speranza...» «Ma non sai che si può essere innamorati di due persone alla volta? – mi raggela. – Fare il filarino con uno, e intanto pomiciare con un altro?» La Marilú dice "filarino" e "pomiciare". Due parole che mi sembrano spregiudicate; ma se le ripeto davanti a mia sorella, lei fa una smorfia di disgusto: «*Pomiciare* passi, – dice – ma *filarino*, dài, fa schifo. Chi te l'ha insegnato?»

Finché non è arrivata la grande occasione, quella che una aspetta per settimane e potrebbe non arrivare mai. Ho chiesto alla Etta se mi presta la sua gonna-pantaloni, ma mi ha risposto di no. «Non è per cattiveria, – ha detto – ma tu sfasci sempre tutto, e quella è l'unica gonna buona che mi resta».

Allora ho messo il vestito a vermicelli rossi e appena oltre la staccionata ho sfilato di bocca l'apparecchio. La Laura e l'Augusto sono già nel prato che degrada verso l'Evançon. Il vento fruscia fra l'erba alta e gli zoccoli calpestano i fiori gialli e le margherite, io sento l'apparecchio ballarmi in tasca. L'Augusto sta con le gambe divaricate a cavallo del ruscello che divide il prato: «I grilli sarebbero l'ideale, – mi dice stringendo le fessure azzurre degli occhi – perché quando li infilzi nell'amo non muoiono subito e continuano ad agitarsi. Niente inganna meglio le trote, ma tutti i pesci in generale...» È come sempre verboso, pedante, e intanto che parla la mano dalle dita forti e lunghe continua a tirare fuori i vermi dalla terra come fossero elastici. «Saresti capace, tu, di prenderlo, qualche grillo, meglio ancora una cavalletta?...» «Sí, li ho presi tante volte» mento. Ho già mentito alla Laura quando mi ha chiesto se me la sentivo di aiutare suo fratello a cercare i vermi: in realtà i vermi mi fanno un ribrezzo tremendo. «Il barattolo lo tengo io, – dice ancora mentre il vento agita quella sua manica vuota che sembra palpitare di vita propria – tu man mano che trovi qualcosa me la porti qui». È gentile e vedo la sua lingua muoversi fra i denti, le labbra appena umide e i ricci nerissimi che il vento gli scompiglia sulla fronte.

Ma non è cosí facile afferrare un grillo, me ne accorgerò quasi subito. Appena allungo la mano il piú cautamente possibile, prima ancora di arrivare a chiuderla intorno al piccolo corpo in bilico sullo stelo, il grillo è già saltato via scomparendo nel folto dell'erba. Vedo la Laura poco lontana mentre fruga nella terra per cavarne i vermi e l'aria le gonfia la gonna. Una cavalletta, mi dico, una cavalletta; e l'intensità del desiderio si confonde in petto con i battiti del cuore. Avanzo guardinga tra le margherite e le spighe selvatiche che sibilano e si piegano sotto gli zoccoli e il sole mi sembra piú forte e ricco di azzurri, il prato che scende verso l'Evançon piú disseminato di fiori e il mio passo piú sicuro. La fame, la guerra, la penuria di vestiti e di scarpe, cosa sono a confronto della cavalletta che catturerò fra poco, della giornata che mi capita di vivere. Mi sembra persino di essere in qualche modo carina con il vestito scollato a punta e i capelli che il vento mi agita sul viso.

Adesso corro verso l'Augusto con il pugno chiuso «Ne ho preso uno, – grido trionfante – ho preso un grillo!» Lo sento agitarsi e solleticarmi il palmo, l'erba struscia con violenza contro le vecchie croste sulle ginocchia, il cerchietto mi sfugge dai capelli. L'Augusto è sempre curvo, le gambe una di qua e una di là dal ruscello: si tira su e mi guarda, guarda le mie dita serrate «Dàllo a me» dice allungando il palmo grigio di fango. Su quel palmo io poso la mia mano stretta a pugno, gliel'affido insieme al mio cuore, a un giuramento di fedeltà eterna nel bene e nel male. Le sue dita si richiudono con forza intorno alle mie. Ho la bocca asciutta. Visto cosí da vicino il suo viso mi appare grande, trasparente l'azzurro verdognolo degli occhi, grande la bocca dalle labbra umide, grandi i denti. Posso adesso distinguere la grana della pelle con i capillari, quasi dei minuscoli fili piú accesi, che percorrono le guance dalla carnagione chiara. Resto immobile, colpita da questa visione ravvicinata come se fino ad oggi non ne avessi colto la dimensione reale e solo ora, per la prima volta, la scoprissi molto al di là dell'immaginato. Le mie dita, bloccate dall'emozione, sono paralizzate dentro le sue.

Finché la sua voce non arriva come una frustata: «Ma la vuoi aprire o no, questa mano?» Aggressiva, intollerante, lo sguardo verde-azzurro senza pietà che mi fa sentire un'idiota, peggio, mi fa sentire la piú stupida delle illuse. Come liquefatte le mie dita si sono sciolte mentre lo slancio che mi ha fatto catturare il grillo con uno scatto glorioso si rapprende in un groppo in fondo alla gola. Io, la mia mano vuota, siamo molli e informi mentre il pomeriggio frana in un rotolare di suoni. Da lontano la Laura mi grida qualcosa che il vento si porta via, nell'aria quelle parole risuonano simili a metallo, mi gelano le braccia nude. «Devo cercarne ancora?» chiedo tentando di controllare la voce perché non tremi. «No, lascia perdere...» Senza neanche guardarmi, l'unica mano impegnata a far scivolare faticosamente il grillo dentro il barattolo.

È tornato ai suoi vermi, la schiena curva nella camicia celeste, i larghi sandali che affondano nel fango. I calzini raggrinziti al calcagno.

Poi è stato l'8 settembre e l'onda d'urto si è riversata sul Grand Hotel Brusson per risucchiarne via gli ultimi ospiti. A una prima euforica reazione (e nessuna signora Brazzoduro c'era piú a guastare la festa), è presto subentrato lo sgomento. Già la sera, mentre le cameriere dal grembiulino bianco arrivavano con i piatti della cena, circolava per la sala da pranzo un'aria di smobilitazione, un'attesa carica di ansia. I ragazzi piú grandi continuavano a entrare e uscire dalla porta centrale, messaggeri di notizie sempre piú allarmanti mentre la radio rimasta accesa nel piccolo salottino verde non serviva a chiarire alcun'idea su quello che gli italiani dovevano aspettarsi per l'immediato futuro.

Nella confusione generale io e la Carla abbiamo ottenuto il permesso di seguire i “grandi” che andavano a casa della Paola. C’è vento e le nuvole di quando in quando nascondono le stelle, i sassi della strada luccicano e risuonano sotto i nostri passi. I ragazzi hanno già cominciato a discutere fra loro e le voci rimbombano nel silenzio della strada stretta fra le case. Una volta arrivati su sono scesi subito nello stanzone, e appena liberi dalle giacche a vento, hanno ripreso a discutere come ossessi. La Marcella e il Pirro sono contro il Giorgio e le voci si levano sempre piú concitate, prepotenti e aggressive. «*Tradimento sí*» urla il Giorgio. «*Tradimento no*» urlano gli altri due ancora piú forte. La Milly è incerta da che parte stare, un momento dà ragione al Pirro e un altro si morde le unghie e si ammutolisce nell’ascoltare il Giorgio.

L’Ettore li guarda in silenzio, appoggiato al muro. Per lui le cose si vanno tremendamente complicando: è ebreo, l’Ettore, e per tutto il pomeriggio i suoi genitori hanno cercato di mettersi in contatto con lui da Torino. Alla fine la madre è riuscita a far sentire la sua voce, piangeva, e tra le lacrime gli ha detto di restarsene lí che la città è già piena di tedeschi, lei e il padre cercheranno di mandargli i soldi per un passaggio in Svizzera. Ma l’Ettore adesso vorrebbe soltanto ascoltare ancora una volta il disco della *Paloma*, ascoltarlo insieme alla Paola. Lo avevano anche ballato la sera di ferragosto mentre gli altri intorno avevano battuto le mani per quanto erano stati bravi nel mimare una coppia di innamorati spagnoli.

Ma quelli litigano tanto forte che non si riesce a sentire nulla, è inutile girare la manovella del grammofono per rimetterlo in moto. Adesso ci si è aggiunta anche la Milly e la sua voce stride sopra le altre «È vero, – grida – ha ragione il Giorgio, noi siamo alleati dei tedeschi, ora tagliamo la corda e li molliamo nei guai». «Buona lei, – le si rivolta contro il Pirro – come se i tedeschi fossero dei poveri agnellini: *a bsogna mostreje ij dent al luv...*» urla. «Che c'entra? È tradimento lo stesso!»

Tanto alte sono le voci che la madre della Paola è scesa giú a vedere cos'era tutto quel fracasso. Se non la smettevano, aveva detto, li mandava tutti fuori sotto la pioggia a schiarirsi le idee. «Il momento è grave, ragazzi, – aveva aggiunto – cercate di avere un po' di cervello!» Che avesse cominciato a piovere nessuno se n'era accorto: ancora pieni di rabbia si erano ammutoliti quasi avessero di colpo riacquistato l'udito.

Ma non appena la porta si era richiusa alle spalle della madre della Paola, le note della *Paloma* erano dilagate nello stanzone. Galleggiavano rotonde, malinconiche e sensuali nel picchiare della pioggia: «*Ahi, una Paloma blanca come la nieve, come la nieve, ahi, m'ha rovinato l'alma, come me duele, come me duele...*» Il Pirro si era allora avvicinato al grammofono e aveva tolto via con rabbia il braccio dal disco «Dài, piantala con questa lagna, – aveva detto all'Ettore – è tutta l'estate che ci rompi le balle con 'sta *Paloma*!» Era furente; la mamma della Marcella aveva già le valigie pronte e l'indomani mattina lei partiva con la prima corriera. Fuori si sentiva il vento crescere e sbattere le imposte, nello stanzone l'umidità trasudava dai muri e macchiava qua e là il soffitto.

La Paola se ne stava seduta in un angolo a fumare e aspirava da quella Giubeck come se avesse dovuto cavarne la soluzione ai problemi dell'universo, il grosso seno che sembrava scenderle sulle ginocchia. Non aveva preso parte alla discussione lei, *tradimento sí, tradimento no*, non gliene poteva importare di meno. Forse adesso sarebbe tornato suo fratello dalla Russia, avrebbero finalmente saputo dov'era andato a finire: questo sí era importante!

L'unico a dormire tranquillo sul materasso allungato in terra è il Nacarun a cui nessuno ha detto che il suo Re, tramite il generale Carboni, ha firmato l'armistizio dileguandosi poi nel nulla. Nessuno si è preso la briga di arrivare fino al casotto di legno per informarlo che da quel momento lui, il Nacarun, non è piú in guerra contro gli inglesi e gli americani, ma deve difendere il suo paese da «*qualsiasi attacco di altra provenienza*». Dorme, in questa notte di pioggia e vento, con la coperta tirata fin sopra ai capelli, e il fiato che ci ronfa sotto emana il tanfo rancido del vino.

Anche la Laura e l'Augusto partivano con la prima corriera. Su un foglietto di carta a quadretti la Laura mi ha lasciato il suo nuovo indirizzo: *Cascina della Crocetta* | *Carmagnola* | *(Torino)*.

Alle sette del mattino fa già freddo, mia sorella dorme girata verso il muro. Per evitare domande cerco di non fare rumore mentre mi sciacquo la faccia e mi pettino davanti allo specchio, infilo il paltò di gabardine blu, un tempo pezzo forte del mio guardaroba. È stretto, e il vestito spunta dall'orlo. Fuori c'è una luce rosa-oro e un vento leggero pizzica le guance, infilo le mani in tasca per scaldarle. È bello il mattino presto in montagna quando l'estate è alla fine e i colori sono limpidi, appena attutiti da una nebbia leggera sulle cime piú alte. La piazza è vuota e in terra si asciugano le pozze lasciate dal temporale della notte, alla fermata non c'è nessuno e in piedi davanti al tabellone leggo ancora una volta l'orario. Poi mi metto nello spicchio di sole per scaldarmi, lo sguardo alla porta d'ingresso dell'Albergo Aquila. *Cascina della Crocetta, Carmagnola*: l'ho già imparato a memoria. Il campanile batte le sette e un quarto, io controllo il mio orologio da polso poi guardo il caffè di fronte, se per caso ne esce qualcuno che deve prendere la corriera. L'attesa si allarga nel silenzio e invade luminosa ogni spazio della mente, ogni angolo della piazza. La lancetta sul campanile avanza lenta e sicura: le sette e mezza, le sette e tre quarti. Le otto. La piazza non è piú deserta, alcuni uomini sono fermi a parlare davanti al caffè e le mucche vanno al pascolo dondolando i loro campanacci, i rumori crescono e guastano la mirabile armonia di quando sono arrivata e la piazza sembrava piena solo della mia attesa. Anche la luce ha perso il suo oro e il suo rosa, è adesso compatta sulla facciata dell'Albergo Aquila, pronta a invadere la metà della strada. Per un attimo il gracchiare lontano di un motore mi fa sperare l'impossibile e mi giro verso la curva per cogliere il pesante respiro della corriera, il grattare delle ruote sul brecciolino.

Fino a quando qualcuno non ha aperto la finestra sul ballatoio dell'Albergo Aquila e i piedi di una cameriera hanno fatto tremare le assi di legno: sul davanzale sono comparse al sole alcune coperte e i cuscini dei letti, la cameriera li sbatte uno contro l'altro. Solo allora mi sono fatta coraggio e sono entrata nel caffè: un uomo sta riordinando le bottiglie dietro al banco. «A che ora passa la prima corriera?» ho chiesto cercando di sorridere per rendere la mia domanda priva di allarme. «Oh, quella è passata da un pezzo!» Si è girato a guardare un foglio appeso alla parete: «L'orario è vecchio, è ancora quello dell'anno scorso, – ha aggiunto – quest'anno non lo hanno neanche ristampato. Intanto passano come vogliono». Cosí è finita.

Dopo, le giornate si sono ripiegate una sull'altra. Noi ci siamo trasferiti all'Albergo Aquila perché lí si mangiava di piú. A me e mia sorella è capitata la stanza sul ballatoio, quella della Laura e dell'Augusto. È grande e disadorna e sul vecchio lavabo di pietra, in un angolo, è rimasta una prugna appassita. L'ho presa e ho pensato che potevo tenerla come ricordo. Stare in quella stanza e dormire nel letto dove forse ha dormito l'Augusto non mi dà nessuna emozione, i miei sentimenti sono come alberi scortecciati.

Siamo rimasti ancora una settimana e poi

siamo partiti anche noi. I treni sono ormai al collasso e con il biglietto di prima classe, dopo diverse trattative, siamo riusciti a salire su un carro bestiame vuoto. Ma il viaggio precario, lungo e frammentato, lento nel sole e nel fieno dei campi, con le gambe penzoloni fuori dal vagone, mi ha aiutato a uscire dal dolore. Il mutamento del paesaggio, l'insolita sistemazione sulla paglia, l'aria fresca e gli scossoni del treno che a ogni frenata improvvisa rischiavano di farci cadere di sotto, davano a me e a mia sorella, contro ogni logica, allegria e senso di eternità.

Di lei ancora non ho parlato. A lungo l'ho confusa con i brutti sogni. In quell'estate che ha segnato dei confini tanto precisi, acquattata in un angolo c'era lei. Ma per molto tempo l'ho negata, non sapevo darle un luogo e una ragione. Usciva dai ranghi, apparteneva all'orrore. Alla fine ho dovuto cedere e la sua immagine ha ritagliato lo spazio che le avevo interdetto: particolare dopo particolare ne ho ritrovato la polvere e il nero, l'acuto della voce, il colore disumano di quell'indumento che strusciava fra i sassi. *La dava*. A chi, non lo so, forse a qualche ubriaco, a qualche disgraziato come lei. Ma come lei, in verità, era impossibile. Era donna solo per metà, scarmigliata e berciante. Un torso senza gambe che si trascinava strisciando lungo la strada di sassi e merde di vacca con le mani diventate piatte, dure come zampe di animale. Quando arrivava giú da non so quale spelonca gridava, non capivo cosa. Il vestito nero era uno straccio nella polvere e lei procedeva a balzi (forse era stata la sua visione a terrorizzarmi davanti alla vipera?) Non volevo sapere niente di lei. Non ho mai fatto domande né allora né dopo, né ho sentito farne da alcuno. Neanche la Marilú e la Carla, o la Laura, quando giocavamo al "pianetto", l'hanno mai nominata o dato realtà alla sua esistenza. Eppure il suo richiamo stridente doveva essere terribile nel limpido e oleografico paesaggio alpino, lacerare la carta dov'erano disegnati il tennis e il boschetto di noccioli, le signore sedute sulle sedie di tela apribili con i lavori a maglia intrecciati a punto Mussolini. Il battito della palla in terra, le voci della Paola e la risata della Milly, il completo bianco del Giorgio mentre lui scatta nel rovescio e la signora al di là della rete gli sorride con tante piccole efelidi bionde alla radice del naso. Doveva schizzare come inchiostro sui prati degradanti verso l'Evançon, gli esili steli d'erba piegati dal vento dove si annidano i grilli. La sua voce un morso infetto alla languida dolcezza della *Paloma*.

Tradimento sí, tradimento no... Di quei ragazzi là in piedi a ridosso del tennis, uno, il Giorgio, prima ancora di avere l'età giusta, si è presentato volontario alla sede delle Brigate Nere di via Fiamma a Milano, mentendo sulla data di nascita. La madre aveva conoscenze altolocate, prefetti e ufficiali della Wehrmacht, e ha cercato di riprendersi il figlio non ancora diciottenne. Ci si è messo di mezzo anche l'ambasciatore tedesco, ma non c'è stato niente da fare. Pugnale al fianco e simbolo di morte sul petto, il Giorgio che tanto piaceva alle signore che sedevano a lavorare a maglia, è pronto per la gloria delle cause estreme, per la violenza che vorrebbe riscattare nel sangue il patto tradito. Ha sparato prima contro un bersaglio sforacchiandolo tutto in giro, il berretto buttato indietro sulla testa e i larghi calzoni grigio-verde dei fedeli di Mussolini. In seguito, fra i boschi sopra il lago Maggiore, il suo mitra ha puntato i partigiani acquattati lungo le pendici dei monti. La coreografia necrofora della nuova Repubblica Sociale esalta il suo fallo da poco uscito dal limbo, surriscalda le pulsioni del cervello piuttosto che quelle del cuore. Dopo ogni fatica guerriera, in una stanza dell'albergo requisito dai vendicatori di Salò, non è piú la graziosa signora del Grand

Hotel Brusson a provarne su di sé la forza dei muscoli. Tra i velluti e gli stucchi un poco sconciati, il Giorgio ha adesso una vera amante. Una ragazza, una tradizionalista a suo modo, una che accanto all'immagine della Madonna di Crea tiene il motto delle SS: *Gott mit uns*. Ci vorrebbe altro che la madre per distoglierlo dalla sua nuova vita, dal doppio binario su cui ha preso a viaggiare e che lo stringerà come una tenaglia fino a spillarne il sangue.

Il Pirro è andato nel senso contrario, e se non si sono trovati uno contro l'altro è stato solo per caso. La sua scelta è stata piú lenta, dolorosa e meno gloriosa, nel senso della gloria intesa come traguardo. Una specie di percorso di formazione dove ogni giorno i muscoli si facevano piú duri e i pensieri uscivano faticosamente dal magma delle emozioni per cercare una loro ragione di essere.

È stato un settembre triste quello del Pirro, ancora piú triste l'ottobre con le piogge che dilavavano dai monti e rendevano viscide le strade. Le cugine senza piú amici litigavano su ogni dettaglio della vita quotidiana, lui si doveva tappare le orecchie per preparare almeno un esame, che chissà se, e quando, avrebbe mai potuto dare. Fa freddo e l'unica stufetta è per "le bambine", cosí la zia chiama la Marilú e la

Paola, lui deve arrangiarsi con i vecchi scialli della nonna. Ma lo studio, il Pirro lo sa, è l'unica porta d'uscita da questo piccolo purgatorio familiare dove il miele cola sempre e solo da una parte senza mai arrivare ad addolcire le sue malinconie. Un ribelle, dice di lui lo zio. Ma cosa significa ribelle quando uno vorrebbe soltanto esistere senza avvertire ogni momento l'incontrollabile misura della propria presenza, del corpo che si dilata, in ogni senso, dai piedi allo stomaco, al cervello; e invece ogni slancio affonda nel suono ottuso dell'arido quartetto familiare.

E poi c'è la Marcella, partita nell'oro dell'alba con gli occhi pesanti di sonno, la corriera che affrontava strombazzando le curve e la scuoteva di qua e di là. Un momento amaro quando si sono salutati come se niente fosse, il pensiero alle carezze perdute. Per sempre. È bella la Marcella, i suoi denti da coniglietto rendono irresistibile il sorriso, il corpo è leggero, sfuggente e morbido; e poi c'è quel naso incomparabile con l'impercettibile gobba, pronto a fremere a tutti i piaceri del mondo. Appena scesa dalla corriera avrà trovato ad aspettarla nugoli di corteggiatori, in gara per farle dimenticare il maso dove lui, Pirro, stendeva la giacca a vento perché la paglia non pungesse la sua mirabile pelle. In quel maso, mentre la pioggia picchiava sulle tegole d'ardesia o il sole filtrava simile a lamelle d'oro sul suo incantevole viso, la costellava di baci, il corpo stretto al suo. E anche se non l'ha mai posseduta in senso biblico, di quel corpo hanno insieme lungamente goduto. Adesso saranno altri: stramaledetta guerra che non ha mai fine, nemmeno quando sembra, per un attimo, finita!

L'acqua riga i vetri, piú che pioggia è la condensa della nebbia e l'odore delle mele si mescola a quello delle foglie bruciate. Gli zii parlano di passare l'inverno lassú in attesa di giorni migliori. Le due ragazze potranno continuare gli studi in collegio a Ivrea; per quanto riguarda il Pirro, può anche perdere un anno, visto che è avanti di due. E dopo il bando di Graziani, meno si farà vedere in giro meglio sarà.

Lo sconforto ha la scrittura minuta del libro di Storia del Diritto Romano, le pagine segnate ai margini da lunghe colonne di appunti. Su quel testo si sono concentrati altri ragazzi prima di lui, forse anche loro innamorati in astinenza, giovani poveri abbandonati dalle luminose dee della terra. La solitudine è profonda, è un vapore simile alla nebbia che riempie la valle, senza voci e senza conforto. Sono andati via tutti, è rimasto solo l'Ettore barricato nella casa con una sola finestra. Da quando è girata la voce che i tedeschi vengono a prendersi gli ebrei fino sulle montagne, non ha piú aperto nemmeno le imposte. Qualche volta, la notte, sale fino al tennis per ritirare il mangiare che il Nacarun va a comprargli in paese. Al caffè sulla piazza c'è chi dice che abbia da parte un bel po' di soldi per comprare un passaggio in Svizzera. C'è anche chi parla di gruppi di ex militari e giovani renitenti alla leva che sui monti si stanno organizzando per combattere i tedeschi e ridare l'onore perduto a parole come libertà e giustizia. La sera, chi riesce a sintonizzarsi su Radio Londra, racconta di strani messaggi simili alle frasi di un sillabario: *La mela è rossa. Giuseppe ha il morbillo...* Sono i segnali in codice per i ragazzi in ascolto tra i boschi e le baite. Qualcuno li chiama patrioti, altri partigiani. I tedeschi e i fascisti invece li chiamano banditi o comunisti badogliani, e gli danno la caccia per ucciderli.

Quando ha saputo che a Verrès è arrivato un Einsatzkommando di SS, l'Ettore ha cercato la Paola. È quasi un mese che non si vedono, lei ha la proibizione della mamma: non è bene che una ragazza vada a trovare un ragazzo solo in casa. E poi un ebreo, è diventato pericoloso. È passato il Nacarun a lasciarle di nascosto un biglietto; piú tardi, quando è venuto buio, lei ha preso la strada del tennis. Aveva una di quelle lampadine a dinamo che si caricano con la mano: il fascio di luce è salito al viso dell'Ettore, ai suoi occhi dilatati dove la pupilla sembra essersi mangiata tutto il grigio dell'iride: le guance sono pallide, la barba lunga. Un berretto di lana gli scende fin sulla fronte e lui sembra ancora piú allampanato. Com'è lontana la musica della *Paloma* in questa sera acquitrinosa, il tennis invaso dalle foglie e il rullo abbandonato in un angolo. Lentamente la Paola gli si è avvicinata appoggiando le labbra sulle sue, la lampadina come un corpo duro fra loro. La bocca dell'Ettore si è subito aperta per succhiarla come se avesse voluto arrivare alle viscere, il grande petto molle di lei che gli preme contro. È stato il loro primo, unico, lunghissimo bacio. Il Nacarun ha spalancato la porta del casotto: «*Cristo, chi ajè là?*» ha gridato; come la volpe lui avverte immediatamente le presenze estranee, i fruscii insoliti. La Paola si è allontanata e la lampadina è caduta in terra. «Sono io, l'Ettore, aspettami che adesso arrivo, mi sono cascate le chiavi». Il Nacarun è rientrato lasciando la porta aperta. «Devo chiederti un grande favore» ha detto allora l'Ettore a bassa voce. «Chiedi pure» ha risposto lei: è rimasta a due passi di distanza, lui la intravede appena. «Io so di essere in pericolo, di sicuro in paese sanno che sono nascosto in casa, qualcuno potrebbe parlare. Voi avete quello stanzone giú in basso, ho pensato che potrei nascondermi lí per qualche giorno... Non avrei neanche piú bisogno di uscire, tu potresti portarmi da mangiare». «Ma non c'è neanche un letto!» ha risposto la Paola. «Non ti preoccupare, mi so arrangiare benissimo, non è quello il problema. Non darei fastidio a nessuno». La Paola è rimasta un momento in silenzio: «D'accordo, – ha poi detto – appena arrivo a casa ne parlo alla mamma. Tanto è sempre lei che decide tutto». «Per me sarebbe un favore immenso, – ha detto ancora l'Ettore – cosí non sarei neanche piú costretto ad andare in giro. Da voi mi sentirei tranquillo perché la casa è isolata e non ci capita mai nessuno». Dalla porta rimasta aperta del casotto filtra il pallore verdognolo del lume del Nacarun, la Paola distingue appena il lungo corpo che finisce con la punta del berretto di lana, lo sguardo un poco allucinato: «Hai bisogno di qualcos'altro, non so, da mangiare, del sapone?» gli chiede. «No, grazie, per il momento ho tutto... Solo potermi sistemare nello stanzone, finché non mi arrivano i soldi per il passaggio in Svizzera. Sarebbe soltanto per pochi giorni...»

«Domattina ti infilo un biglietto con la risposta sotto la porta, cosí ti dico anche qual è il momento migliore per venire» ha cercato di sorridergli ma nel buio lui distingue male. Il Nacarun di sicuro li sta spiando e la Paola ha fretta di tornare a casa, cosí non si sono neanche piú sfiorati, nemmeno una stretta di mano, e lei è scesa veloce nel ronzio della dinamo, il fascio di luce che cadeva a illuminare i sassi del sentiero.

In cucina c'è odore di minestra, la madre è di spalle davanti ai fornelli. «Devo chiederti una cosa» ha detto la Paola ferma sulla porta. La pentola bolle, dentro è appena stata buttata la pasta. «Parla, – dice la mamma senza voltarsi – ma non chiedermi un'altra volta di non mandarti dalle suore a Ivrea». «No, no... è un'altra cosa, molto piú importante. Non riguarda me, riguarda l'Ettore». «L'Ettore? E cosa vuole da noi?» la madre ha preso il mestolo di legno e gira adesso veloce nella minestra di erbe perché la pasta non si attacchi al fondo, la Paola ne vede i capelli mescolati di biondo e di grigio arrotolati in tondo dietro la nuca, il collo bianco, un poco grasso verso le prime vertebre della schiena, i lacci del grembiule legati in vita. «Ha chiesto se può venire a nascondersi nello stanzone giú in basso, non se ne accorgerebbe nessuno e lui si sentirebbe piú sicuro, tanto noi non ci facciamo niente...» La mamma si è girata: «Ah no!» ha detto subito. Ha il mestolo di legno ancora in mano, il viso accaldato dai fornelli «Ne ho già abbastanza di preoccupazioni io, con un figlio prigioniero in Russia!...» «Sarebbe solo per pochi giorni, non darebbe nessun fastidio» ha replicato a bassa voce. Ma la mamma è di nuovo di spalle, il fumo sale dalla pentola: «E chi lo dice che è solo per pochi giorni? – alcuni capelli sfuggiti alle forcine sono piccoli fili sul suo collo bianco – No, guarda, non è proprio il caso, non insistere...» Il mestolo è tornato a girare con forza nella pentola. «Vai piuttosto a chiamare tua sorella e il Pirro, – ha aggiunto – digli di venire perché ormai è quasi pronto...»

Cosí è stato che i tedeschi hanno preso l'Ettore. Sono andati comodamente a prelevarlo una mattina di sole e l'hanno portato davanti all'Albergo Aquila incatenato per i polsi. A lungo si è parlato in paese di chi lo avesse venduto alle SS. Per diverso tempo si è sospettato di un impiegato del Comune che aveva il figlio malato di tubercolosi ed era sempre alla ricerca di soldi per il latte e la carne. Solo alla fine degli anni cinquanta si è saputo che a tradirlo era stato il Nacarun; e le cinquemila lire che i tedeschi pagavano per ogni ebreo se le era fatte dare in biglietti da cento per poterle cambiare senza sospetto quando un ambulante passava per il paese. Le teneva nascoste in un sacchetto di tela cucito nel cuscino. Ogni tanto tirava via il filo e cavava fuori un biglietto, poi ricuciva tutto con dei punti lunghi un centimetro nel frusciare delle foglie di granturco. È andato avanti fino alla fine della guerra, quando poi quei biglietti non valevano piú nulla. «*Caossinera, striplà, a val nen tní el cul streit...*» lo sentivano ancora bofonchiare tra i denti quando scendeva in paese a comprarsi il vino e qualcuno lo prendeva in giro; lui soffiava rabbioso dal naso.

A raccontarlo al prete, in punto di morte, è stata quella donna che sembrava uscita da un quadro di Hieronymus Bosch e che ogni tanto il Nacarun pagava perché *la desse* anche a lui. Ma ormai il tennis era stato abbandonato per i due nuovi campi costruiti accanto all'Albergo Aquila e il casotto di legno faceva acqua da tutte le parti, il Nacarun passava piú tempo in ospedale che sul suo materasso, nessuno se la sentiva di rivangare una storia infame dove tutti avevano la loro parte di colpa. Tanto della famiglia dell'Ettore non era tornato piú nessuno. Era rimasta soltanto una sorella, emigrata in Canadà nel '38.

Il Pirro, la mattina che aveva saputo che stavano portando via l'Ettore, aveva infilato la prima cosa che gli era capitata sotto mano ed era corso in piazza per vederlo un'ultima volta. Nel cervello, come un chiodo fisso, aveva il disco della *Paloma* e la sera che aveva tolto via il braccio dal grammofono. È arrivato davanti all'Albergo Aquila mentre lo stavano caricando su un camion insieme ad altri due ragazzi sospettati di essere partigiani. Erano tutti e tre legati dalla stessa catena, l'Ettore era l'ultimo e addosso aveva il maglione a strisce rosse e blu che infilava dopo ogni partita di tennis, in testa il berretto di lana a punta. Fuori dal caffè sulla piazza, in piedi insieme agli altri a guardare quello spettacolo, il fiato ancora corto per la corsa, il Pirro gli ha urlato: «*Fate curagi Ettore, al disco della Paloma y pensu mi...*» Tentava di essere spavaldo mentre intorno lo guardavano come fosse pazzo. L'Ettore si è girato: gli occhi lo cercano in mezzo agli altri, le palpebre si stringono per il sole che lo colpisce in viso. Alla fine i loro sguardi si incrociano, al Pirro sembra che l'Ettore abbozzi una specie di sorriso mentre gli occhi dove la pupilla si è mangiata tutto il grigio ritrovano per un attimo la loro luce: «*A bsogna mostreje ij dent al luv...*» gli grida dal camion. La voce è rauca. Non c'è stato tempo per altro, una SS lo ha spinto dentro, l'Ettore è scivolato sul ripiano di legno battendo il viso contro la sponda e il compagno legato a lui per i polsi lo ha aiutato a rialzarsi, insieme hanno sollevato un attimo le braccia unite dalla catena. Forse un ultimo saluto. Forse un segno di lotta e di vittoria. In quel momento il Pirro ha giurato a se stesso di vendicare quello che vedeva, tanto era infame.

Quella mattina è ritornato subito a casa, la zia e le cugine sono fuori con il bel tempo per fare un poco di spesa, lui comincia a frugare in ogni angolo alla ricerca di quanto potrebbe tornargli utile. Passa una per una le stanze vuote, strappa le coperte dai letti, apre i cassetti e svuota i portamonete delle cugine. Prende asciugamani, maglie di lana, i barattoli di conserva no perché pesano troppo, ma i coltelli di cucina, quelli sí, non si può mai sapere. Arriva fino allo stanzone giú in basso dov'è rimasta la sua fisarmonica a bocca e prende anche quella insieme al sacchetto con tre chili di riso che la zia ha nascosto dietro un pacco di riviste. Fuori si è levato un bel sole e il vento che scende dalle montagne asciuga le pozze d'acqua, la zia e le cugine con la spesa hanno già ripreso la via del ritorno. Lui butta tutto quello che ha raccolto in due sacchi da montagna, uno se lo mette sulle spalle e l'altro, per rovescio, davanti. Quando la zia e le cugine arrivano a casa sul tavolo del Pirro c'è il libro di Storia del Diritto Romano a tenere fermo un rettangolino di carta, strappato dal quaderno di appunti: «Hanno portato via l'Ettore, io ho scelto, vado su in montagna. Non vi preoccupate per me. Quello che vi ho preso ve lo ridarò appena posso».

Nessuno l'ha visto mentre saliva verso il Corno Bussola, o chi l'ha visto ha negato. Eppure un ragazzo con un sacco sulle spalle e un altro per rovescio davanti era difficile non notarlo. La zia si è disperata, non tanto per le coperte e i coltelli da cucina, o i portamonete delle figlie, ma perché le sembra, la scelta del Pirro, un suicidio. Ancora non si è accorta del sacchetto di riso sparito da sotto le vecchie riviste di moda. Un nipote è sempre uno della famiglia; che dirà adesso al marito quando al sabato verrà su da Torino? Non è il tipo da apprezzare le scelte drastiche, soprattutto se con quelle scelte si rischia la pelle. *Tradimento sí, tradimento no*: con il Pirro ne hanno discusso per settimane cercando di farlo ragionare.

La Paola è chiusa in camera sua a piangere, buttata sul letto. Alle tante domande che le si affollano in testa non c'è risposta possibile; e la tristezza in questa giornata radiosa di fine autunno è un pozzo buio di cui non si vede il fondo. Ancora non sa che laggiú è intrappolato l'Ettore con le pupille dilatate, le labbra che la risucchiano fin nelle viscere. Un Ettore che tornerà negli anni, quasi un baluginare nell'acqua, le tante domande rimaste senza risposta destinate ad andare e venire nel silenzio delle ore morte. A urtare, lancinanti, contro quell'altra immagine, questa sí fissa e rigida come fosse di gesso: la mamma che si gira con il mestolo di legno in mano, il viso accaldato dai fornelli, quelle parole come ferite: *Ah no! Ne ho già abbastanza di preoccupazioni io, con un figlio prigioniero in Russia...*

La Marilú, al contrario della sorella, quella mattina aveva girato eccitata da una stanza all'altra. L'idea di avere un cugino partigiano la esaltava, e nel sole che batteva obliquo sul pavimento di legno i suoi passi avevano scricchiolato senza sosta mentre lei controllava quello che il Pirro si era portato via. Attraverso le porte aperte arrivava la sua voce come un acuto: «Il Pirro ha preso il mio temperino svizzero, – gridava – ha preso la lampadina tascabile della Paola! Il Pirro ha preso il thermos azzurro con il bicchierino! Ha preso anche il pigiama del papà, – aveva avvertito trionfante – quello di flanella pesante che era ancora da stirare...»

Alla madre del Giorgio i fascisti della Repubblica di Salò consegnarono il suo pugnale e la giubba insanguinata, sforacchiata da una spalla all'altra. Era il marzo del '45 e su quella giubba il Giorgio portava cuciti i gradi: sottufficiale per meriti di guerra. Ma quali battaglie avesse combattuto, e dove, non è mai stato chiaro perché la sua guerra si è svolta tutta in quel triangolo che va da Baveno a Cannobio per chiudersi a Luino. Quando i partigiani lo hanno ammazzato con una sventagliata di pallottole, stava tornando in camion insieme ai compagni, il mitra fra le ginocchia nel buio della notte. La sua giovane amante, appena aveva saputo che era morto era fuggita dall'albergo in riva al lago portandosi via ogni cosa, perfino la penna stilografica e il diario su cui il Giorgio aveva annotato la sua guerra, giorno dopo giorno. I russi erano ormai a Budapest e i carri armati del generale Patton, oltrepassato il Reno, sfilavano per le città del Terzo Reich ridotte a una scheletrica muraglia di macerie: cosa ci restava a fare allora una bella ragazza bruna, incinta per di piú, in quell'albergo dai velluti macchiati da ogni genere di liquidi dove per mesi si erano incrociati spie, collaborazionisti, prostitute di mezza Europa?

Sul finire dell'estate del '45 la madre del Giorgio affittò un'automobile e si mise a girare i paesi lungo il lago Maggiore per sapere qualcosa della ragazza e del bambino. Conosceva, della ragazza, soltanto il nome, perché una volta era sfuggito di bocca al figlio. Mai il Giorgio, durante quei mesi, le aveva permesso di immischiarsi nelle sue faccende private; le rare volte che si erano parlati al telefono o si erano incontrati in qualche caffè su una piazza, appena lei aveva azzardato una domanda sulla sua vita sentimentale, subito il Giorgio aveva risposto sprezzante distogliendo lo sguardo. Non aveva dimenticato, lui, la notte in cui era stato costretto a percorrere seminudo il corridoio del Grand Hotel Brusson, i vestiti stretti al petto e le piante dei piedi che si scorticavano sulla stuoia in terra.

Da un facchino che aveva servito nell'albergo di Baveno, alla fine la madre riuscí a sapere che la ragazza veniva da un paese del basso Monferrato. Lasciò allora l'automobile per dare meno nell'occhio e in bicicletta cominciò a percorrere le camionali piene di buche a ridosso di Alessandria. Dopo il freddo polare dell'inverno era arrivata un'estate calda e rigogliosa e i campi non coltivati assomigliavano alla savana africana; lei si inoltrava nelle strade assolate e polverose, lungo i fossi verdi di canne, e arrivava alle cascine piú sperdute dove i contadini avevano ripreso a lavorare come formiche. Ma alle sue richieste le donne sotto i grandi cappelli di paglia la guardavano male. Non era troppo igienico in quella prima estate di pace andarsene in giro a fare tante domande su una ragazza di Salò, amante di una camicia nera morta ammazzata. Lei osservava ogni ragazza molto giovane e bruna, attenta se per caso c'era lí intorno un bambino appena nato. Se poi qualcuno pronunciava quel nome che aveva sentito solo una volta, subito il fiato si arrestava.

Ma quella ragazza sembrava sparita nel nulla, e forse quel bambino non è mai nato.

Cascina della Crocetta, Carmagnola. Io non ho mandato alcuna lettera a questo indirizzo perché non ho mai scritto alla Laura. Una volta a Roma il coprifuoco e l'occupazione tedesca, la paura per una guerra che ogni giorno sembrava sul punto di finire e invece spasmodicamente centellinava la sua orribile morte, si sono sovrapposti con violenza alle ultime pene del cuore.

Cosí della Laura e dell'Augusto non ho mai piú saputo niente. Né ho mai saputo se esistesse, o meno, una Cascina della Crocetta a Carmagnola.

Stampato per conto della Casa editrice Einaudi
presso Milanostampa s.p.a., Farigliano (Cuneo)
nel mese di novembre 2000

C.L. 15714

Ristampa							Anno			
0	1	2	3	4	5	6	2000	2001	2002	2003

T1 55667561

AHI PALOMA
1^ EDIZIONE
CORALLI
LOY

EINAUDI
TORINO

T 00017486